X书店

12 节虚构的语文课

从诗歌开始

冯军鹤◎著
葛根汤◎绘

北京科学技术出版社
100 层童书馆

野兽举着一朵花在踱步。

——（叙利亚）阿多尼斯[*]

* 出自叙利亚著名诗人阿多尼斯（1930—）诗集《我的孤独是一座花园：阿多尼斯诗选》，薛庆国译，译林出版社。

第 1 节课 翻译与诗 / 39

今天，不同的语言在我们身边流动。英语、法语、西班牙语，以及文言文、方言……于是，翻译成为了我们日常生活中的一部分。美国诗人弗罗斯特曾经说："所谓诗，就是翻译中丢失的东西（Poetry is what gets lost in translation）。"

第一节课，让我们和沈青一起，在翻译中感受诗歌吧。

第 2 节课 诗是什么 / 79

诗是什么？是发现，感知，还是语言的组织？

在第二节课上，沈青写下了她的回答：诗歌是什么？事物的碎片，倒映在天空的镜中。

你呢？读完几首诗歌，回顾模糊的过往，将会在课堂中给出什么答案？

序章

偶遇

和马老师的相遇是在夏季的一个雨天。那时候，从海上经过的台风带来了一阵又一阵的急雨。暑假还没有过去。作业很多。时间漫长。

　　我叫了一声"多多"，没有回应。真是一只冷漠的猫。

　　身体累了，我就到阳台上站一会儿。偶尔会看见那几株植物。大雨打得它们左支右绌，白雾中像一只只求偶的绿孔雀，翅羽蓬松，姿态张扬。

绿孔雀，不同于常见的蓝孔雀，是中国本土的孔雀类型，体形更大，如今近乎绝迹。《孔雀东南飞》中所想象的大概正是绿孔雀。一年前，在昆明的动物园，我遇见过一只。但后来在网络上看到，那其实是蓝绿孔雀杂交的后代。不少人表示失望。幸好它对此毫不知情，依旧步调高昂。

在我房间的墙上，挂着一幅版画，是好朋友穆川送给我的，她自己的作品。画面中央便是绿孔雀。四周围绕的，还有朱鹮、扬子鳄、金丝猴……都是即将消亡的动物，除了角落中的多多。

她知道多多对我意味着什么。

雨势小了一些。叶子吸满了雨水，绿色漫出

来，疲惫地下坠。今天没有时间看课外书了吧。我觉得自己和这些植物一样，被知识冲刷着，并不快乐。

临近傍晚的时候，雨停了。空气很干净。多多扒着阳台的玻璃，被我一把抱住。它的肚子不知从哪里蹭出一道灰斑。

收到老父亲的信息：晚饭在外面吃。

我到的时候，爸爸说他还得一小时。我随意地来回漫步。路边生着高大的榕树，好看的根须一动不动地垂挂着。突然路边映出一家书店，红色边框的橱窗里有两个浅绿色的花瓶，粉色的绣球，白色的晚香玉，中间是一个盆栽，立着细细的一条绿枝。花瓶前侧的方桌上，仰放着几本新书。

初恋诗人

X书店

右边的那本，《动物诗人》，封面是缤纷花枝中央停着一只蜂鸟，吸引了我。

更吸引我的，是书店的名字。一道白漆木板上，刻着黑色的"X书店"。仿佛不知道如何取名，随意选了一个音节。但是，X，两道划痕，一个音节，可以是错误，可以是未知数。那么，也可以是任何字眼。

我必须逛一逛。

进门是一个狭长的空间，全都是打折书，四折到六折，大多数属于呆板的学术类书籍。小说很少。但拐过一个书架，有一段楼梯。我转过去，看到一个牌子立在那里：

楼上活动，暂停开放。

我悻悻地叹了一口气，小说一定都在上面。我正准备转身离开，一个女人从上面走了下来。她戴着一条水红色的丝巾。我心头一阵颤动。

　　"你是学生吗？"

　　我点点头。

　　她告诉我，楼上马上要开始的是一节试听课。

　　"什么课？"

　　"语文。不过，不是学校的语文，你不妨认为是一节创意语文课。"

　　于是，我走到楼上，这里的空间比楼下大很多。正中间摆放着一张胡桃木的长桌子。四周站着光亮的书架。已经有十几个学生了。没有人说话，只有窸窸窣窣的脚步声和书本碰撞的声音。书根据国别做了分类。我在法国小说那里看到了我正在阅读的《悲惨世界》。

试听课开始了。

叫我马老师，她说。

每个人拿到了一张白纸。

"所有的认识都从介绍开始，我们也不能免俗。但是轮流告诉别人你是谁，或者你喜欢什么实在是呆板。我们不妨采用一种朦胧的方式，通过图像来展示你是谁。可以是具体的一个物品，或者自然界中的一个事物，也可以是一个抽象的符号：数字，或者字母；规则的，或者凌乱的。这样的方式当然不能代表你的全部。实际上，没有任何一种方式可以表现我们的全部。所以，不用过于严谨，仅仅用这个图像来表达你希望展示的某一个方面。"

一个图像。和我有关。我的目光扫过明亮的书墙，想起了一点东西。

几分钟后，所有的纸张在方桌上摊开。交谈声、笑声、椅子的摩擦声响了起来。大家拿起其中一张，然后是另外一张。

一棵树，红色的闪电，几片云，某个奇怪的动物，各种不明所以的符号。

这一张是谁的？有人问。

一个短头发的女孩子举起手，笑容拘谨。

“那就请你分享一下？为什么这么简单？这是一顶帽子？”马老师走过来，若有所思地看着。

“是一座山丘。我喜欢这种有着温柔线条的小山丘，也很喜欢李宗盛的那首歌，尤其是草原上一片草绿的那种。我觉得自己的性格就像是这样一种起伏，很柔和、宁静，但也很有力量。当然，你也可以说这是一种期待，期待自己是有力量，同时又柔和宁静的一座山丘。”

“你叫什么名字？”另外一个人问道。

“李悠悠。”

马老师又拿起一张彩色的图画。是一个头发很长，也很胖的男生。

"对，这就是我自己，"他主动说道，"一个胖胖的甲虫，但是却热爱阅读。大家一定注意到了，这个怪物的身体是黑色的，但脑袋却是红色的。因为在我看来，知识、思考和头脑才是让一个人与众不同的地方。"他仰着头，仿佛在展示自己的脑袋。"对了，我叫洪乐。"

闪电和雨来自一个瘦瘦的男孩李昊然。他说自己的情绪容易激动，就像闪电一样。但他在努力调整自己。闪电之后，有雨落下，世界就会焕然一新。不是眼泪，他笑着说，虽然经常有情绪，但自己不怎么流眼泪。他说话时故作成熟，但还是一个稚气未脱的样子。他多大了？

　　大家以这样的方式认识了。马老师把纸张收拢起来。

　　"我现在把这些自画像放到这个书架上。一会儿我们还会用到。但它们会一直留在这儿。如果你们继续参加这个课程，彼此熟悉起来，也许会有兴趣重新翻开它们。不过现在，我们要回到文学作品。认识一个人物也是文学中非常重要的内容。"

她翻动着一叠纸张，看了一眼后继续说道："在写作中，我们也必须思考如何将一个人物介绍给别人。相比于概括性的语言，比如我是谁，我喜欢什么，我的性格如何。刚才我们所做的事情其实是一种更接近于文学的方式，更加强调感知和创造性的表达。这样的表达可以很有趣。我们来看一个例子，来认识两个人物。在这段文字中，写作者采用了一种与众不同的方式，帮助读者认识他们。"

　　于是，我们拿到了一份材料：

A | 储藏记忆

    法玛为了贮藏他们的记忆，采取了以下方式处理：首先将记忆牢牢固定，然后用黑色床单从头到脚包上，在房间里靠墙放置，附带一张标签：《基尔梅斯之旅》，或《弗兰克·辛纳屈》。

    克罗诺皮奥则不同，这些无序而温和的家伙，在欢呼声中任凭记忆在家里四散，而他们在其中往来穿梭，每当一段记忆跑过身旁，就温柔地爱抚它，对它说："小心受伤"，以及："小心台阶。"因此法玛家里整齐有序，安静无声，而克罗诺皮奥家里一片喧闹，门扉撞击不停。邻居们总在抱怨克罗诺皮奥，法玛们深表同情地点

着头，随后去检查标签是否都还在原来的位置。

B ｜ 个别与普遍

　　一个克罗诺皮奥去他的阳台上刷牙，他看到清晨的太阳，看到美丽的云彩在天上飘，心中就充满了强烈的喜悦，于是猛地挤了下牙膏，挤出粉红色的长长一条。在牙刷上涂了山一样高的牙膏之后，克罗诺皮奥发现还颇有富余，便开始在窗子上敲打牙膏筒，粉红色的牙膏从阳台纷纷飘落到街上，许多法玛正聚集在那里议论最新的市政要闻。粉红色的牙膏落在法玛们的帽子上，与此同时克罗诺皮奥却在高高的阳台上兴高采

烈地边唱歌边刷牙。法玛们对克罗诺皮奥这种令人难以置信的轻率行径感到十分愤慨，决定选派一个代表团立刻对其进行谴责。三位法玛组成的代表团上楼来到克罗诺皮奥的家，如是斥责了他：——克罗诺皮奥，你把我们的帽子弄坏了，你必须为此做出赔偿。

接下来，以更严厉的语气说道：——克罗诺皮奥，你不该这样浪费牙膏！

C ｜ 花儿和克罗诺皮奥

一个克罗诺皮奥在原野上发现一朵孤零零的花。一开始他想把它摘下来，但想到这残忍又

无意义，于是就跪在花旁边，兴高采烈地和它玩耍：抚摸它的花瓣，朝它吹气让它跳舞，像蜜蜂一样嗡嗡响，闻它的香气，最后躺在花下面，无比安详地睡着了。

花儿想："他好像一朵花。"

——选自《克罗诺皮奥与法玛的故事》[*]

哦，我喜欢克罗诺皮奥。

所以，当马老师询问谁喜欢克罗诺皮奥的时候，我举起了手。大部分人都举手了，只有两个人例外。

"为什么你喜欢克罗诺皮奥？"马老师看着我，

---

[*] 阿根廷作家胡里奥·科塔萨尔（1914—1984）短篇故事集，范晔译，南京大学出版社。

所有目光也一起甩过来。我的心突突地跳着。

"因为他是自由的，他遵照自己内心的需要生活。而法玛明显是依照社会规则，依靠对世界的分类生活。"

"我也喜欢克罗诺皮奥。"坐在我旁边的女生说道，"因为克罗诺皮奥像一个孩子，或者说他就是一个孩子？这个我不知道。但很确定的是，那些法玛就像身边的大人一样，很无趣。"

洪乐一直举着手。他就是两个例外中的一个。马老师请他分享自己的想法。

"我不喜欢克罗诺皮奥，但也不喜欢法玛。我觉得作者写出了两个极端的人群。克罗诺皮奥过于自私任性，不考虑别人的感受和需要。而法玛又过于僵化。我们都热爱自由，但自由不能没有拘束。就像卢梭说过：'人生而自由，却无往不在枷锁之中。'如果我们都想要去做克罗诺皮奥，这个世界不就乱了吗？所以，一定的规则，一定的自由，才是一个理想社会的样子。"

想要成为一座山丘的李悠悠站了起来。

"我同意你后面的那段话，但是我们不妨从当下的社会出发来判断这两个角色。我们明显生活在一个充满了社会规则的时代。这不能做，那也不能做。学生应该好好学习，大人应该努力工作。所以为了打破这种规则感，我们不应该突出克罗诺皮奥的自由吗？"

洪乐准备反驳，但被马老师的目光轻轻按

住了。

"很不错，没想到一开始就这么激烈。我们先不急着做出评价。我觉得我们对这两个人物的了解还不够。难道他们身上分别只有自由和规则这两种特质吗？大家可以再读一遍文本。然后写下你发现的他们身上的特点。除了自由，还有什么？"

于是，在克罗诺皮奥的身上，又多了浪漫、想象力、灵活、生命力等词语。而在法玛那儿，规则之外，也出现了权威、公共生活、严肃等评价。

"这不公平。"又是洪乐，"关于克罗诺皮奥的文字那么多，而法玛却仅仅像是一个陪衬。我不是要为法玛辩护，我只是想说，这样的对比不公平。"

"很好的发现。"马老师说，"虽然似乎是一个显而易见的发现，但背后确实有值得思考的问题。而且是阅读当中经常需要面对的一个重要问题。"

她停顿了一会儿。"王渺，"那是一位没怎么说话的女孩，"你觉得作者在写作的时候对这两个角色分别是什么态度呢？"

"哦，支持克罗诺皮奥，贬低法玛。"她的声音近乎冷酷。

"也许不至于贬低？但批评应该是有的，对吧？这就是为什么会有更多的文字给到了克罗诺皮奥。作者是有偏好和立场的。当然，我们读到的仅仅是整本书的一角。而且三个片段是我选出来的，所以更多的判断和思考很难展开。但克罗诺皮奥和法玛却能够成为两个坐标，来判断我们究竟身在何处。接下来，我随机地把大家的自画像发给大家。注意，随意地发给大家。也就是说，你拿到的很可能不是你自己的画像。然后，请你根据这个画像的内容，你自己对于图像的理解——你不需要顾及创作者自己的意图，只需要考虑你自己的理解，把他们放在克罗诺皮奥的一边或者法玛的一边。"

真是有趣的变换。洪乐的小怪物被最早放到了克罗诺皮奥的下面。还有那棵树。而山丘和李昊然的闪电送给了法玛。我的图像，一只鸟，被叫作王渺的冷酷女生同样扔给了法玛。

她是这样解释的："我没有注意这只鸟究竟是

一只什么鸟，我对鸟也确实没有太多认识。我注意到的是这只鸟绘画的方式。虽然线条并不复杂，但毫无疑问，这绝对是我们的图像中最精致的一张。也就是说，小画家，"然后她冲着我不好意思地笑了一下，那种冷酷便在我心中碎了，"用专业的素描想要让这幅画和真实中的鸟儿一样。这种追求一致的心态在我看来是属于法玛的。不过，这到底是一只什么鸟呢？"

"杜鹃。"

"哦，就是会吐血的那一种。"

很多分类都被解释了。有的自信，有的游移；有的声音高亢，有的却晃动着怯生生的低弱。

最后，马老师鼓励我们仿照这三个片段写一个克罗诺皮奥和法玛的故事。"当然，我更加鼓励你们找来这本书读一下。"随即，她从旁边的书架上抽出这本书，"作者科塔萨尔。也许阅读起来会有不舒服的感觉，或者不确定的状态。但不要怀疑，它不影响你欣赏这本书的魅力。"

"好了。试听课到此结束。如果大家真的感兴趣，欢迎报名参加我们这个学期的课程。每周一节。课程的内容和这次一样：阅读好的文学作品，交流彼此的想法，然后偶尔写点东西。"
· · · · · · · · · · · · · · · ·

　　步下楼梯，我在橱窗旁边停住了。绿色的叶子让我想到了雨水，想到了上午跳进脑海中的比喻。

　　"喜欢吗？"马老师出现在我旁边。

　　我便和她分享了我的想法。太多的雨水，会让植物受伤。

　　"也许可以换一个角度？植物受伤不是因为雨水太多了，而是因为只有雨水，没有阳光。"

　　一个有趣的视角。我点点头。

　　"书店的名字，"我突然想到，"为什么是 X？"

"你觉得呢？"

"代表着未知？"

"可以是这个原因。"

"那真正的原因呢？"

"不重要。"她说，"喜欢吗？"

我点点头。

她从瓶子中取出一枝晚香玉，从书店的一角取出另外一个透明的花瓶，送给了我。等她转身回到二楼后，我在橱窗那里翻看着《动物诗人》。五分钟后，我决定买下这本书。

吃晚饭的时候，爸爸不明白我为什么拿着一枝花。我告诉他我要报名一个课外班，关于语文的。

他困惑地看着我："你语文需要补习吗？"

"确实不需要。所以，这不是一个补习班，而是一个……"我摸了一下晚香玉的叶子，"一个关于克罗诺皮奥的课程。"

"什么奥？"

"不重要，"我说，"反正你给我报名吧。"

他不解地摇摇头，把目光重新埋入手机。

第 1 节课
翻译与诗

这节课的开始竟然是一首英文诗。我们需要翻译成中文诗。

White pebbles hear a blue stream glide

Red leaves are strewn on cold hillside

Along the path no rain is seen

My gown is moist with drizzling green

桌上放着部分英文单词的翻译。不仅仅有中文，也有英文的解释。比如：

Pebble: a small smooth stone found especially on a beach or on the bottom of a river 卵石，小圆石，砾石。

五分钟的时间。一片寂然。可以听到楼下的低语声和从窗户渗入的鸣笛。

白色的石子，白色的卵石，还是白色的石头？蓝色的溪水流动，蓝色的溪流滑落？

难以抉择，时间不够用。我们又多了三分钟。等到马老师的声音重新响起，我看着这首诗最后的样子发出一声叹息：

白石倾听蓝色溪水滑落

红叶落满了寒冷的山坡

路上没有雨水

我的衣袍却被绿叶打湿了

　　"相信经过这次尝试，你们应该感受到了，翻译实在不是一件容易的事情。白江宏，"马老师的目光看向一个帅气的男生，"分享一下呗。顺便谈一谈，你觉得这首英文诗怎么理解？以及，你翻译的过程中感受如何？"

　　现在方桌周围有 10 个学生，但白江宏在上次试听课的时候没有出现。我对其他人都还留着模糊的印象。那些符号依旧鲜明。白江宏迟疑片刻，所有人看着他。马老师倚向一个高背的椅子。我坐在靠近楼梯的一角，目光快速掠过所有人。灯光映在对面王渺的头发上，发出海狸出水的光泽。

洪乐粗而短的脖子，低下的脑袋，像极了他笔下那只黑红色的甲虫。李悠悠，温顺如一只鸽子。李昊然，猴子一般……

白江宏开口了。我的动物世界暂时熄灭。

"马老师，我英文不太好。能不能找其他人分享一下？"一个被扬起却颤颤巍巍、迟疑不决的尾音。

马老师微笑着摇摇头。"不要不好意思。你翻译得蛮不错。就是你的感受，不是一个答案。放轻松。"

"那我就勉为其难地读一下我的翻译吧。"

大家笑了起来。

他低着头，迟疑了一会儿："只是念恐怕不够。

还是得让大家看看。"他便把写着诗句的本子放到桌子中央，然后读了起来。有人挺着身子，探了过去：

白色的圆石

听见蓝色的溪水

滑落

红叶落满寒山

一路

不见雨水

而我的衣袍

被沾水的叶子

已打湿过

"我知道，我还没有读完，大家一定会生出一些疑问。比如我擅自分行了，而且多翻译了一点东西。这其实也是我的困惑。好的翻译应该是怎样的？一定要一模一样吗？但是汉语和英语就是不一样，英语的那种流畅感，我无论如何都很难用汉语表现出来。相反，汉语给我一种颗粒感。所以在这首意象很突出的诗歌中，我选择了更零碎的声音效果，也就是更多分行，来放大汉语的这种颗粒感。我也努力押韵了，因为原诗押了韵。但我依然不确定这样做是不是合适，因为两种音韵的效果当然很不一样。最后，我在最后一小节，改变了时态。英文是现在时，但我擅自变成了过去时。因为在作者观看的时候，他肯定是突然发现衣服湿了。不过，"他停顿了一会儿，好像在努力思考，"也可能我理解错了。这首诗似乎没有出现人的意识。My gown，只是一个物品？还是说诗人出现了？哎呀，不行，我得再想一想。"

大家沉默着，然后突然响起了掌声。一片乱纷纷的赞扬。

"你看，都说了不用不好意思。你翻译得很好。"马老师笑着说，"江宏参加过我之前的课。他的思考一直很棒，但总是过于谦虚。当然，刚才他的分享中，实际上提出了很多问题。好的翻译标准是什么？分行应该严格遵守吗？我觉得大家以后遇到外国诗歌的时候，不妨找来原文对照一下，感受一下不同的翻译。不过话说回来。江宏把其中一个问题忘记了：你觉得这首英文诗怎么理解？或者怎么样？悠悠，你来说一下呗。"

"我还是蛮喜欢这首诗的意境的，有一种宁静空灵的感觉。我在翻译的时候，对诗中的色彩印象很深刻。白色、蓝色，然后是红色和最后的绿色。甚至，我觉得寒冷的山都呈现出一种色彩感，一种视觉中的灰色。同时，整首诗调用了各种感官，听觉、视觉还有触觉。真是越咀嚼越好的一首诗。"

马老师在点头。

"好了，差不多了。是揭晓答案的时候了。"

她看着一张张困惑的脸，在屏幕上放出一首古诗：

山中

（唐）王维

荆溪白石出，天寒红叶稀。

山路元无雨，空翠湿人衣。

你可以想象大家的躁动。那种恍然大悟的兴奋，那种身体忍不住跳动的觉醒。好一个真相。

"我猜到了。"洪乐大声喊着，"但是这首唐诗记得不太清楚，所以就没好意思暴露。"

大家继续用笑声回应。悠悠低声说，她也猜到了，而且这首英文诗大概是许渊冲*翻译的。

马老师等到声音渐渐微弱，说道："既然你们

---

* 许渊冲（1921—2021），中国著名翻译家，被誉为"诗译英法唯一人"。

开始熟起来了，不妨相互之间聊一聊，看见英文诗背后的原诗以后有什么感想。"

"真有意思。我们在这儿努力翻译，没想到需要翻译的对象本身就是翻译。"

"而且，我们翻译的时候，觉得英文原诗好。很多地方担心翻译不到位。现在一看，发现这个所谓的英文原诗翻译得也不到位呀。"

"是呀，荆溪译作蓝溪，天寒译成山寒。空翠译过去变成 drizzling green，一点感觉都没有了。不过，"说话的是洪乐，"把唐诗翻译成英文是真的难呀。那种美好的东西很多都没了。我们的唐诗是真好。"

马老师听着，不说话，身子挨在一个书架上，任由大家漫无涯际地聊着。

几分钟后，马老师让我们自由地朗读一下《山中》。于是升起了一片喧响，有的悠长，有的低暗。声音刚歇住，她便在屏幕上放出了另外一首古诗：

鸟鸣涧

（唐）王维

人闲桂花落，夜静春山空。

月出惊山鸟，时鸣春涧中。

"借助于两重翻译，大概不需要其他传统方式讲解《山中》这首诗了。我们藉由英文的版本和我们自己的版本，无论是对诗中的意象还是诗歌的空间都有了强烈的感知。如果还需要再做一件事，那就是不断地读，更多地读，感受唐诗声音的波动。我相信大家会有兴趣做这件事情的。现在，我们来看王维的另外一首诗。这次，我们依然要翻译这首诗。但不要紧张。不是让你们用英文翻译，而是用中文，用现代语言翻译，写成一首现代诗。我希望大家可以大胆一点，把这首古诗当作一个出发点，可以增加，或者改写一些内容。来，我们试一试吧？"

我感觉到自己的脑细胞在尖叫。这和我习惯的语文课堂的写作完全不同。要多大胆呢？我可以增添什么内容呢？

我尝试闭上眼睛，想象这首诗歌的景物，想

象他们彼此呼应的方式。我在本子上写下"**春山**"这两个字作为题目。我把最先出现的"**人**"变成我自己。于是，我想起了去年夏天我一个人在云南的林子里徒步的时刻。

春山

被一棵桂花树

下落的时刻困住

我是春山

是春山上安静的夜晚

月亮莫要惊动了山鸟呀

它的鸣叫

将成为我的呼喊

母亲

母亲

母亲

马老师让大家把完成的作品放在桌子中央。我看见一些拘束的文字，题目还是《鸟鸣涧》，内容依然是王维的注脚。但有一篇吸引了我：

山中

那位诗人

带着被绿叶打湿的衣袍

来听一棵桂花树

热闹的坠落

夜晚春山的静

被他的脚步声吃掉了

山鸟

也着恼地叫了一声

在春天溅起一道水波

但他却写了一首诗

向未来宣告

山中的一切

都是月亮惹的祸

纸面上是稚气的笔体，像是刚刚学习写字的孩子。

我把手放在本子上，轻声问，这是谁写的？王渺笑着说，是我。

我走过去，对她说，我喜欢你的改写。她却捞起我的作品，说，你写的比我好，读了让人心疼，我这点东西，就图个好玩。我点点头，没说话。

她继续对我说，我们下课加一下微信吧，看来咱俩蛮有缘分的。我用力点头，压低声音说道，好呀。

马老师走到我们旁边，笑着没有说话。洪乐凑过来，说最喜欢王渺的作品。王渺看了一眼洪乐的本子，若有所思地说，你的也很有意思呀。洪乐把脸上的肉笑成一团，说道，和那位帅哥学的嘛。

鸟鸣涧

桂花在

闲闲地落

夜空了

春山

也空了

连安静

都空了

而月亮

惊动了

山鸟

在春涧中

鸣叫

人

静静地

看着

几分钟过去了，马老师示意大家回到座位。

"不得不说，大家的改写实在是令人印象深刻。相信看过所有人的创作后，大家会禁不住感叹一下，哇，原来还可以这么大胆呀。比如王渺和沈青的作品，都在内容上进行了改动或者增添。但即使是努力还原诗歌本来的空间，你也会发现文字创作无处不在。比如洪乐的作品，尝试借助分行表达某种效果。那看完同伴的写作，接下来我们来看一首真正的诗人的作品，一个现代诗的大佬，他也曾经做过改写唐诗的事情。这位现代诗的大佬就是洛夫。他有一本诗集叫做《唐诗解构》。我们看他是如何解构《鸟鸣涧》的。我们请……洪乐来给大家朗读一下。"

鸟鸣涧

洛夫

刚拿起笔想写点什么

窗外的桂花香

把灵感全熏跑了

他闲闲地负手阶前

这般月色，还有一些些，一点点……

月亮从空山窜出

吓得众鸟扑翅惊飞

呱呱大叫

把春涧中的静

全都吵醒

而他仍在等待

静静地

等待，及至

月，悄悄降落在稿纸上

把光填满每个空格

洪乐亮如白昼的声音落下，马老师让我们又安静地阅读了一遍。然后，她走到一个瘦瘦的女孩子面前，请她分享一下自己的阅读感想。

彭子涵，马老师喊着她的名字。但彭子涵摇

摇头，然后害羞地看着马老师，没有说话。

"那我就只好劳驾李昊然同学了。"

李昊然站了起来，虽然他不需要。"马老师，我觉得洛夫改的不好。"一阵笑声。

马老师做出好奇的神情，等待着。

"虽然这首诗朗读起来比我们的都好听，但结尾太废了。你看，诗人等着灵感来临，想要写出一首好诗，但最后月光把稿纸照亮了，所以灵感就来了？这也太说不过去了。一点都不合理。而且原诗中的那些景物，在他这儿几乎只是陪衬，还被他嫌弃。比我们还大胆。但没啥意思。"

王渺举起了手："我倒觉得还蛮不错的，而且看起来我好像抄袭了洛夫的一些内容。其实我有另外一个大胆的猜想。所谓唐诗解构，是不是说洛夫在质疑唐诗写作的神话，或者过程？虽然我不知道解构这个词语到底怎么理解。也许当初王维写这首诗的时候真的没有看到这幅画面，或者说，几乎就是凭想象构思出来的。也许就是那么不合理，因为月光突然照亮了稿纸，他就灵感来了，把想象中的景物经过改造放到了这么一首诗当中。"

白江宏不住地点头。马老师问他是否有什么需要补充的。他犹豫了一下，只简单地说："月亮出来之前的夜晚怎么能看见桂花落呢？所以，写诗也许并不是看到什么写出什么。写诗就是一种创作。所以我同意王渺和洛夫的观点。"

洪乐等白江宏说完，抢着说道："但洛夫是不是太多此一举了？不管诗人王维有没有看到这么一幅景象，作为一首完成的诗歌，难道它创造出来的美不是已经自足了吗？我们被这种美感染，也当然不会在乎月亮出来之前能不能看见桂花掉落。他这首诗虽然朗读起来很有感觉，但太一味地讲道理了。对比王维《鸟鸣涧》的原作，我觉得洛夫的这首诗也几乎是一种打扰了。"

　　按照这个逻辑，那刚才我们写的不也是一种打扰吗？当然，是另一种打扰。王维的诗歌中充满着宁静，但我们的改写却把自己内心的动乱装了进去。我在心里想着，但没有说出来。

　　马老师点点头，说道："我呢，觉得大家说

的都有道理，也都接受。既接受王渺所解读的洛夫的解读，也接受洪乐对于这一解读的反驳。我觉得诗歌完成以后就和作者不相干了，但同时又觉得在作品背后看到作者也很有趣。大家可以继续思考这个问题：一个作品完成之后，我们该如何看待它和读者的关系？好了，让我们回到洛夫。不管这首改写的现代诗如何，我们起码可以发现，洛夫和古典诗歌之间的关系。他一定是极其熟悉古典诗歌的，并且他也非常热爱古典诗歌。那么，他会不会在现代诗的写作中流露出古典诗歌的影响呢？我指的不是我们刚刚读到的《唐诗解构》，而是他更为一般的诗歌写作。接下来我们就来看一个例子：《金龙禅寺》。之前的三首诗我们都没

有直接细读。现在这首诗，我希望大家一句一句
地去感受。"

金龙禅寺

洛夫

晚钟

是游客下山的小路

羊齿植物

沿着白色的石阶

一路嚼了下去

如果此处降雪

而只见

一只惊起的灰蝉

把山中的灯火

一盏盏地

点燃

马老师轻声读了一遍，然后指定一位没有发过言的男生梁少楠读了一遍。然后是沉默的两分钟。仿佛诗歌中的静蔓延出来，等待着一道晚钟敲响。

"这里有三小节，"她回头望了一眼屏幕，仿佛在确认。

"是的，三小节。你们每个人会拿到一个小

节。所以，十个人，每个小节三到四个人。"她走到每个人面前，放下一个数字。"请找到一样的数字，讨论你们所在的片段。"

第二小节。如果此处降雪。我、另外两个女生和皱着眉头的洪乐望着彼此。

"第一遍读的时候，"是一位叫田芳的女生。"我还以为少了一句呢。因为这一句明显和下面连不起来。"

"这是单独的一个小节。也就是说它是独立的。洛夫省去了后面的内容。所以，我们要思考的就是这种省略有什么好处。"是洪乐。

彭子涵还是没有要说话的意思。

我抬起头"我感觉像是中国画中的留白。把

想象交给读者了。'如果此处降雪'，这仅仅是一种假设，作者也是在想象。所以，没有说出他的想象，我们反而会自己想象。每一个读者都会拥有一幅寺院落满积雪的画面。"

田芳笑着说："感觉就是在玩文字游戏嘛。"

时间到了。第一小节是李悠悠分享："我们小组觉得第一小节充满了诗意的修辞，而且有一种很值得玩味的奇异感。晚钟敲响，是该离开的时候了，所以游客下山。但诗人笔下却让晚钟成为了小路。我们觉得是既有趣又合理的比喻，都和离开有关。而接下来的一句也是一样的效果，但更夸张。羊齿植物，因为这个名字的联想，才有了后面的嚼。同时，这第二句也和第一句有了呼应，产生了一种动态感。总之，这是想象力很惊人的两处诗句。但是，"她望了一眼李昊然，"我们小组也有不同的声音。某同学认为，这两句诗过于奇异，和下面那种古典的空间美感不符。李昊然，你要进一步阐释一下吗？"

李昊然笑了笑，说道："不用了。已经很清楚了，就是不协调。"

我代表第二小组发言后，白江宏分享第三小节："我们小组认为，第三小节要和第二小节放在一起分析。如沈青同学所言，第二小节有所省略，制造了留白的效果，在邀请读者们参与进来想象。第三小节的开头'而只见'是一种提醒，好像在告诉我们，想象很美好，不过当下也很不错。惊起的灰蝉也让我们回到了诗歌开头的晚钟。是晚钟的声音，惊起了灰蝉。虽然这最后一句也采用了很神奇的修辞，拟人，但一点都没有破坏这一小节中的那种美感，一种古典的，宁静的，和禅寺恰如其分地合在一起的美感。而且整首诗，这种写作的主题就很像是一首典型的唐诗。'万籁此俱寂，但余钟磬音'。一个时刻，然后是静静地观看。"

白江宏的声音刚刚落下来，洪乐就喊道："马老师，你怎么看这首诗？"

马老师似乎有些惊讶，像一个学生被老师点名之后的反应。

"我怎么看，和你们怎么看没太大区别。我不觉得我还需要在你们这样的讨论后面增加什么。不过我可以提供一些信息，来帮助大家进一步思考洛夫诗歌中意象的奇崛。洛夫很喜欢李贺。而李贺的诗歌，"她停了一会儿，"不说了，还是你们去看吧。感兴趣的话，找来李贺的两首诗歌读一读。同时，也可以翻来洛夫的其他作品。今天这节课我们就到此结束了。我们来看一下作业。"

竟然还有作业！几个声音此起彼伏地暗暗呼应着。

马老师笑着说，当然是选做，感兴趣的欢迎，没时间的构思一下也挺好。有人满意地点着头。目光落在屏幕上。

请阅读下面这首唐诗，以此出发，写一首

现代诗：

闺怨

（唐）王昌龄

闺中少妇不知愁，春日凝妆上翠楼。

忽见陌头杨柳色，悔教夫婿觅封侯。

大家一边聊着这首诗，一边准备离开。地板吱吱呀呀地响起来，像被吵醒后的嘟囔。空气有些凉。空调的风在呼呼地吹着。

楼下，稀稀落落有几个看书的客人。橱窗的花瓶里，晚香玉变成了玫瑰，一样地没有什么气味。窗子外面弓着一个老人，隔着薄薄的光影，在注视仰起来的一本书。

　　我已经走到了马路上，忽然被一片落下来的叶子打中了。脸庞上是湿漉漉的感觉。我想起来，书店里该是有洛夫的诗集吧，便转身折了回去。

　　但两本诗集，刚刚已经被买走了。

第 *2* 节课
诗是什么

早上八九点钟，一个梦把我吵醒了。

被子是掀开的，腿脚冰凉。多多大半个身子还在被窝里，睡得像一个梦。我把脚塞进它的肚腹，故意挑动。多多咕哝两声，不耐烦地扭了扭身子，接着睡去了。我从书桌上捞过手机，翻看消息。穆川约我晚上出去玩。再过两天就要开学了，我才想到还没和她分享课程。她当然是不感兴趣的。数学是她的情人。但我还是没忍住，把改写的《闺怨》发了过去。

爸爸留了早餐在桌上。玉米已经彻底变凉。今天是周六，他一如往常去上班了。

他回来的时候一点多，我刚刚点了外卖。于是加了另外两个菜，匆匆吃完。他大概感受到了我的消沉，提议出去走走。

"但我的作业还没写完呢？"

"今天才周六。明天不是还有一天时间吗？"

于是我告诉他，明天上午是数学奥数的培训班，下午要练习小提琴。哦，对了，我还得准备这个月底的英语演讲比赛。

但半小时后，我们还是出门了。数学奥数那

边，他给我请了假。

走出小区，沿着一条狭窄的单行道步行五百米，绕过我就读的中学，就是一个不小的公园。有一段时间，我会在黄昏即将结束时到公园里散步。人总是满的，声音也是满的。每天都有挥着扇子的阿姨穿着桃花点缀的衣服，在人工湖旁边的小广场上舞动。但现在，那里空空荡荡，只有白铁似的阳光把方砖晒得发昏。

我也有点发昏，甚至出汗了。爸爸正在谈论这个公园过去的样子。公园建于1987年，那时候他10岁，还没有我大。人工湖一开始就有了。但在他的记忆中，湖水总是泛着难闻的腥臭。后来……

　　我说，我想回去了。太热了。爸爸好像突然
想起来应该看我一眼似的，把朝着湖面的脸转向我。我知道他想说什么。我让他说完，目光落在湖面上。一个工人，穿着橙色的制服，正在打捞水面的垃圾。一丝风也没有。我想象着工人满脸的汗水，把头发扎了起来。

爸爸的话语改变不了什么，但我理解他。我也明白为什么他非要来到炎热的室外。他无法在熟悉的房间和我聊这些事情。我们站起来的时候，汗水在他胸前的白衬衫上烙下一片水渍。水渍下方，是山坡一样的肚腹。他发福得过于明显了。

我说，你不用安慰我，还是照顾好自己吧。意识到我的回应让他受伤了，我开始和他分享上周末我们第一次课程。我本来想从手机上翻出我写的诗歌读给他听，但转念间作罢了。他又和我聊了一会儿未来的计划，无非是什么我们父女俩好好过日子。然后，我们便回家了。

吃过晚饭，爸爸又要去工作应酬。我和他一起出门。到了书店，第二次课程开始了。

大家渐渐安静。所有人都望着同一个方向。左侧角落的白板上，一张巨大的白纸中间写着一个巴掌大小的字：**诗**。

"今天，我们继续谈论诗歌。"马老师穿了一件黑色 T 恤，正面印着"诗"的草书字。后来她背过身，我们看到衣服上还有一句诗行：尝试赞美这残缺的世界……（再后来，我在网上找到这首作品，第一次在语文课本之外背诵了一首诗歌，也把其中一行偷偷写在了我日记本的扉页上：树叶在大地的伤口上旋转*。后来的后来，我开始写诗。）

"上节课，我们看到了古典诗歌在不同语言之间的变化。既涉及到翻译中诗歌丢失的部分，也涉及到诗歌的二次创作。今天，我们所有的讨论都会围绕一个问题展开：**什么是诗？**王渺，你觉得呢？"

王渺显然没做好准备。她抿着嘴唇，努力思考着答案。

她回答说："这个问题有点大呀——老师，你

---

* 出自波兰著名诗人亚当·扎加耶夫斯基（1945—2021）《尝试赞美这残缺的世界》，黄灿然译。

觉得呢？"

马老师笑了。她拿起马克笔，在白纸上写下：**王渺的犹豫**。

所以，**王渺的犹豫是诗？**马老师不置可否地看着我们。

"那我也有答案了。"李昊然叫嚷起来，"**李昊然的沉默也是诗**。"

"非常好。"

大家的笑声和回答乱成一片。有人的声音中含着质疑，也有人带着恍然大悟的兴奋。马老师随即写下听到的一些答案。于是白纸上落满了诗歌的"注脚"。

等喧嚷渐渐落定，马老师读了一遍，隐隐荡

着诗歌的节奏：

空白是诗，天空的瓦蓝是诗，妈妈的批评是诗，满墙的书架是诗，红色是诗，小孩的哭声是诗，王渺的犹豫是诗，李昊然的沉默是诗，爸爸衣服上的汗渍也是诗……

之后，是半分钟的静寂，大家仿佛在回味。

马老师把一份材料发到大家手里。上面是这么一首诗歌：

全是世界，全是物质 *

黄灿然

世界全是诗，物质全是诗，

从我睁开眼睛的那一刻起，

我的赤裸是诗，窗帘飘动是诗，

我妻子上班前的身体是诗，

我上班前穿衣服穿袜子穿鞋时

小狗小小的不安是诗，

我对她的爱和怜悯是诗，

我来到街上是诗，水果档是诗，

菜市场是诗，茶餐厅是诗，

---

* 选自黄灿然的诗集《奇迹集》。

小巷新开的补习社是诗，

我边走边想起女儿是诗，

路上比我穷苦的人是诗，

他们手中的工具是诗，

他们眼中的忧伤是诗，

白云是诗，太古城是诗，

太古城的小公园是诗，

小公园躺着菲佣是诗，

她们不在时是诗，她们在的地方是诗，

上班是诗，上班的人群是诗，

巴士站排队的乘客是诗，

我加入他们的行列是诗，

被男人和女人顾盼的年轻母亲

和手里牵着的小男孩小女孩是诗，

巴士是诗，巴士以弧形驶上高速公路是诗，

高速公路是诗，从车窗望出去的九龙半岛
是诗，

鲤鱼门是诗，维多利亚港是诗，

铜锣湾避风塘是诗，渔船游艇是诗，

我下车是诗，在红绿灯前使用生硬的广东话

跟我打招呼的那位叫贾长老的白人传教士
是诗，

他信主得救是诗，我没信主也得救是诗，

不信主不得或得救是诗，

太阳下一切是诗，阴天下一切是诗，

全是诗。

而我的诗一页页一行行

全是世界，全是物质。

不用提醒，大家自然而然地读了起来。但马老师还是说了点什么。在我这里几乎是一种打扰。

这首诗恰好是刚才答案的延续。读完之后，我像是发现了一点什么，又仿佛陷入迷失。但清晰的是，当我放眼周围的时候，一个个句子立马迸了出来：书页上的色彩是诗，窗外街道上行走的陌生人是诗，一切都是诗……

但，真的这么简单吗？

"黄灿然，"马老师等所有人读完以后说道，

"是香港一位著名的诗人，也是著名的诗歌翻译家。沈青，你自己最喜欢诗歌中的哪一句？"

我望着自己画下的几行，犹豫着回答说："我上班前穿衣服穿袜子穿鞋时 / 小狗小小的不安是诗。"

念完后，我抬起头望着马老师，等着她索要理由。但她只是微微笑着，然后请李悠悠分享。我心里告诉自己，并不是每个人都能够看到动物小小的不安。

李悠悠选择的是这一句：被男人和女人顾盼的年轻母亲 / 和手里牵着的小男孩小女孩是诗。在读完以后，她停顿一下，紧接着说道："我喜欢这一句，是因为我觉得这句诗中包含着人和人之间的关系。"

马老师赞许地点着头："还有人想要分享自己喜欢的诗句吗？"

洪乐喊了一声"我来"，便直接站了起来。

"我最喜欢最后一句：*而我的诗一页页一行行 / 全是世界，全是物质*。喜欢这一句，不仅因为它点题了，还因为这句话像镜子一样，把上面那么多的列举映照了过来。生活中很多事物、时刻和状态都是诗，而同样的，我的诗，我写下的这些内容，也是世界。"

"谢谢洪乐。这句话就像镜子一样，很有意思的比喻。刚才江宏也举手了。你想要分享哪一句？"

"*白云是诗，太古城是诗 / 太古城的小公园是*

诗／小公园躺着菲佣是诗／她们不在时是诗，她们在的地方是诗。我格外喜欢这一句当中"她们不在时是诗"，好像谈论她们不在，反而更接近她们在那儿的状态。"

"我想补充一点，"洪乐等白江宏声音落下后说道，"我才发现整首诗是有顺序的，从睁开眼睛，到上班前，然后走在路上，进入巴士，下车。太厉害了，这是上班路上的诗。"

"谢谢您，把我能说的都给说完了。"马老师一笑。然后她走回白纸面前。"我们一开始的问题是什么是诗？我们的回答和诗人黄灿然的回答很类似，很多样，也很清晰。但现在，我想把问题反过来，**诗是什么？**或者**诗歌是什么？**这两个问题有区别吗？"

凌乱的回答声中，李昊然的嗓门最大。

"当然有区别！就像我们可以说蜘蛛是昆虫，但不能说昆虫是蜘蛛。'**诗是什么**'这个问题更像是一种概括。"

"是吗？"马老师反问道，"我是否可以说，诗是窗帘飘动，诗是小狗小小的不安？"

李昊然张着嘴巴，眼睛故意圆睁着。其他声音渐渐高亮起来。是的，为什么不可以？

"所以，科学和诗歌当然不是一回事儿。不过大家也都能感觉到这两个问题是不一样的。一定要给一个清晰的区分吗？也许在诗歌中，这种清晰的区分并不重要？好了，不卖关子了。我们来到这儿，诗歌是什么？通过这首诗，我们来试图思考一下，对诗人黄灿然来说，诗歌可能是什么呢？或者换一个词语，诗歌可以是什么？"

马老师把这个问题写在了白纸的最上面。她转身，看到已经有几个人举手。她叫了王渺。

"我觉得，虽然作者说太阳下一切都是诗。但他列举的那些，都是作者在看到的事物中挑选出来的。用一句俗套的话来总结就是，一切都是诗，但诗歌是发现。诗人需要一双能够发现美的眼睛。"

然后是彭子涵。上节课她始终沉默着。所以看到她举手，我很惊讶。

她的声音有些低弱，而且很缓慢："我觉得，诗歌是一种关注，或者关心。有的人不关心周围，所以他就不可能发现小狗的不安，女佣的在或者不在。甚至，维多利亚港是诗，也是因为诗人那一刻是关心它的。"

我禁不住对她产生了兴趣。她说完便抿着嘴微笑，好像冒犯了别人似的。

马老师的面容流露出赞许。她重复念道："关心，关心，说得好。王渺的'发现'也是一个很好的角度。这些角度都来自大家前面的这首诗。这是一种可能的回答。肯定还有其他回答。对吧？我们来看一首新的诗歌。"

马老师打开电视，屏幕上有这么几行诗句：

他把一些不相配的东西捡到手中——一块
石头，

一片碎瓦，两根燃过的火柴，

对面墙上的烂钉，

窗外飘进的叶子，从淋过水的花盆

滴落的水滴，那一点点麦秆

昨天夜里吹进你头发的风

马老师请发言较少的梁少楠朗读了这首诗，
然后问他，这些东西有什么特点？

梁少楠盯着诗句，思考了一会儿。

"都是生活中很普通的事物，随处可见的
事物。"

"嗯，普通的事物。悠悠，你觉得呢？"

"作者说这些东西是不相配的。和什么不相配呢？后面又没有回答。而且，为什么没有题目呢？"

她望着马老师，见她笑而不语后继续说道，"这些不相配的东西不仅仅普通常见，而且是碎的瓦、燃过的火柴、烂的钉，飘进窗户的叶子肯定是离开树木，下落的叶子，水滴是被用过，从花盆下面滴落的，一点点麦秆大概也没什么用，而风是昨夜的。所以，如果非要总结的话，也许可以说，这些东西都是废弃无用的东西吧。"

"谢谢。废弃无用的东西。也谢谢悠悠发现这首诗歌的题目被我藏起来了。但隐藏的不仅仅有诗歌，还有接下来的部分。"

于是长出了新的两行诗句，整首诗变成了这个样子：

他把一些不相配的东西捡到手中——一块石头，

一片碎瓦，两根燃过的火柴，

对面墙上的烂钉，

窗外飘进的叶子，从淋过水的花盆

滴落的水滴，那一点点麦秆

昨天夜里吹进你头发的风——他带着它们

并在他的后院子里，几乎造起了一棵树。

诗，就在

103

没有结束。看来马老师还在卖关子。

"他带着它们／并在他的后院子里，几乎造起了一棵树。紧接着，诗，就在……诗就在哪里呢？来，发挥一下你们的才华，猜一猜作者想表达的是什么？"

白江宏首先说道："我觉得诗就在这棵树里。诗歌是一种艺术创造。在这段表达中，这棵树就相当于诗歌作品，原材料就是生活中一些无用的、甚至是被废弃的对象。借助刚才两位同学的解释。作者把关注的目光投向四周，发现了这些被忽略的无用之物，也发现了它们身上所包含的诗意。但诗歌是写作，需要把这些发现艺术性地组合在一起。最终的结果就像一棵富有生机的树一样。所以，诗，就在这棵树里。"

"但是，"坐在我身边的田芳突然轻声喊道，"为什么是几乎造起了一棵树？这个'几乎'在这儿有点奇怪呀。"

"也许是在告诉我们，完美的诗歌是不可能的？我们距离最好的作品总是会有距离，写作也总是会有遗憾。"李悠悠回应道。

"有没有可能，诗歌在他的后院子里呢？"王渺笑着说，"也许作者想要强调的是，诗歌就在我们周围。上面所有那些事物也都是他后院子里的事物。"

马老师当然乐于看到大家如此讨论。洪乐的嗓门总是最高亢的，他支持白江宏。我和田芳一样，对这个"几乎"念念不忘。但我什么都没说。我不喜欢打断别人。

但当马老师把整首诗歌放出来的时候，我还是禁不住一阵哆嗦。那是窃取到秘密的喜悦。

几乎 *

（希腊）里索斯　周伟驰 译

他把一些不相配的东西捡到手中——一块石头，

一片碎瓦，两根燃过的火柴，

对面墙上的烂钉，

---

* 希腊著名诗人扬尼斯·里索斯（1909—1990）的诗。

窗外飘进的叶子，从淋过水的花盆

滴落的水滴，那一点点麦秆

昨天夜里吹进你头发的风——他带着它们

并在他的后院子里，几乎造起了一棵树。

诗，就在这"几乎"里。你能看到它吗？

题目就是"几乎"。田芳比我还要兴奋。"看吧，我就觉得这个'几乎'别有用心。"

我按捺住自己。但是当马老师询问为什么"诗，就在这'几乎'里"时，我举手了。

"我觉得这个'几乎'里，包含了很多层意思。像李悠悠说过的，可以是一种遗憾，或者永远到达不了的状态。也可以是努力，诗歌总是可以投入更多精巧，可以允许更多修改，让它变得更好。但我更倾向于认为，诗就在这几乎里，更像是一种不确定性。就像这个比喻一样，一棵树被造出来了，但它是一棵树吗？看起来像，但又不像。甚至，也许我们能够从中发现石头、水滴和风的痕迹，那它当然不能确定地称之为一棵树了。我觉得也许在作者眼里，诗歌最重要的就是这种不确定或者模糊，也就是这个'几乎'。"

"哦，有道理。"是李昊然，他拖长了声音，"但有点似懂非懂。"

彭子涵再次举起手。

"沈青说的很好。我也有一个想法。我试一试看能不能说清楚。作者在最后一句问道，你能看到它吗？这就像一个谜语。作者的这首诗我们当然看得见。但'几乎'这个词语不禁让我怀疑,自己究竟看见了什么。这样问的时候,我就突然发现,作者所选择的事物似乎还有其他特点。比如在一块石头之后的事物,都和'人'有关。碎瓦是从人居住的房子上落下来的。火柴和烂钉当然就不用说了。叶子是从窗外飘进来的,几乎能想象有人在看着这一切。麦秆是人类在田野收割麦子后留下的东西。而风就更特殊了,是吹进你头发的风。所以,作者是否在说,诗歌是人类留下的痕迹?或者说,是一种记忆的方式?然后,回到几乎……"

她停顿了一会,好像在努力思考,"有点乱,我得理一理。'几乎'代表这样的努力,留住痕迹和记忆的努力。但不可能的，我们做不到，就像我们在生活中总是会遗忘那样。然而又要去做，就像我们在生活中总是在回忆一样。这种做不到但又要去做的状态就存在于'几乎'这个词语中。嗯，就这样。"

她坐下了。我在一片模糊中试图理解她刚才的表达。但那些话语很快变得零碎不堪。记忆在淡化，一部分内容被遗忘。这就是她的意思吗？

大家禁不住相互交流起来。李昊然的笑声在起伏。洪乐自作主张向其他人解释彭子涵的发言。而主角本人，又把身子埋进了诗句当中。

"老师，作者自己有没有在其他地方解释一下，到底为什么诗就在这几乎里呢？"洪乐嘹亮地问道。

"那我就不知道了。不过，你觉得，诗人会给出一个清晰的答案吗？"

当然不会。诗歌已经完成了。他所要说的都在里面了。我又重新读了这首诗。不够流畅的语言，让我突然萌生了想要阅读原文的冲动。不过，哦，希腊语，算了吧。

马老师继续回到这个问题上："诗歌是什么？每一位诗人，每一个读者都会形成自己的答案。"

我知道，又一首诗歌要出场了。

"接下来我们继续阅读这样一首诗歌。但很不幸，这首诗歌被打乱了。我们首先要一起来还原它。"

她指着桌上的三个小盒子，说："每个盒子里有八句诗行，也就是八张纸条。还是三个小组。看哪一个小组能够拼出最接近原诗的作品。"

　　"有意思。"李昊然嘟囔着，已经把盒子里的纸条倒了出来。

　　"这首诗的题目可以先告诉你们：**一首伟大的诗应该是怎样的？**"

　　直白的题目。我打量着桌面上凌乱的诗行。

> 可见，而又不可见，黑暗的，明亮的

> 音乐：愤怒在此安身

身体内，在空气中爆炸

火：迅速，并能破坏

从体内而出，用心智去征服

大声的，无噪音的，包含于

爱——冷酷或愚蠢者才会问为什么

符号：一种语言，充满优雅

我们需要将这些纸条按照我们的理解依次张贴在一张白纸上。李昊然和田芳迫不及待地开始了各种可能的连接。我于是把注意力更多地放在了诗句上。

马老师已经把题目写在了角落的白纸上：一首伟大的诗应该是怎样的？所以，这首诗是回答。有一些形容词，大概是伟大诗歌的特质：可见，而又不可见，黑暗的，明亮的，大声的，无噪音的。前面两组是反义词。所以，好的诗歌能够容纳两种相反的特质。但如何理解呢？太抽象了。那么，火和音乐是一种比喻了吧，帮助我们理解诗歌抽象的一面。诗歌应该既像火又像音乐。还要有爱，也许这个爱就是我们之前聊到的"关心"。诗歌当然是一种语言符号，这像是废话。但是，充满优雅的语言？什么样的语言可以称之为优雅呢？

和之前的两首诗歌相比，这首诗距离我们似乎更加遥远，也更加陌生。

李昊然问我，需要把这首诗歌分成两个小节吗？我迟疑着，点点头。经过几分钟的调整后，我们的作品变成了这个样子：

从体内而出，用心智去征服

可见，而又不可见，黑暗的，明亮的

大声的，无噪音的，包含于

身体内，在空气中爆炸

火：迅速，并能破坏

音乐：愤怒在此安身

符号：一种语言，充满优雅

爱——冷酷或愚蠢者才会问为什么

分享的时候，我们发现大部分小组都分成两个小节。顺序略有差异，但看不出有什么区别。

洪乐在读完自己小组的作品后，又侃侃而谈起来。他说，这首诗给他的感觉是，既简单又复杂。如果只是感知，调动起自己的很多感官，看到火，聆听音乐，感受爱，大概能体会到作者眼中伟大诗歌的样子。但是一旦理性地去思考，就有点解释不清楚，比如如何解释诗歌的爆炸效果呢？优雅又是怎样一种语言方式？

马老师在他说完后，立马放出了诗歌的原文：

一首伟大的诗应该是怎样的？ [*]

（美国）罗伯特·品斯基　明迪 译

火：迅速，并能破坏。

音乐：愤怒在此安身。

爱——冷酷或愚蠢者才会问为什么。

符号：一种语言，充满优雅，

可见，而又不可见，黑暗的，明亮的，

---

* 出自诗人蔡天新主编的《现代诗110首》（红卷）。罗伯特·品斯基
（1940—），美国诗人、诗歌理论家。

大声的，无噪音的，包含于

身体内，在空气中爆炸

从体内而出，用心智去征服。

"这首诗的写作源于一个问题，也就是标题中的问题。这是伊利诺伊州残障学校的四位学生向诗人提出的问题，而这首诗就是他的回答。我们不打算深入理解这首诗，甚至我更喜欢洪乐说的那种方式，用感觉去体会。在这位诗人那儿，究竟一首伟大的诗歌是怎样的，我相信大家在拼贴的时候已经有所感知了。现在，就让我们再一起读一下这首诗吧。"

是的，应当从火开始。一首诗的出发点必须

是有力量，甚至有破坏力的。甚至，映着火光，我能感觉到一首诗歌和生命的关联。那种热量，那样的跳动，还有危险……

"所以，什么是诗？诗又是什么？这样的回答当然和每个人的经验有关。只有走近诗歌，才能够获得属于自己的经验。比如诗人阿多尼斯有一个非常简单的回答，很是耐人寻味。这个答案来自他的诗歌《在意义丛林旅行的向导》。"

什么是诗歌？

远航的船只

没有码头。

——（叙利亚）阿多尼斯

"接下来，我们也做一个类似的写作。但是需要从阅读中感受。我现在给大家再分享另外两首诗歌。加上刚才的三首，总共是五首作品。我们有大概十分钟的时间进行细读。挨着的两个人读完之后也可以进行交流。但最终，请你给自己一个回答，当然是一个暂时的、模糊的回答。随着之后继续阅读诗歌，我们会产生新的判断和感受，也会做出新的回答。但出发的时刻永远是重要的。每个人一张便笺纸，希望课程结束的时候，我们可以看到你们每一个人对这个问题的回应：**诗歌是什么？**"

另外两首诗，分别来自博尔赫斯和聂鲁达。

南方 [*]

（阿根廷）博尔赫斯　王三槐 译

从你的一个庭院，观看

古老的星星；

从阴影里的长凳，

观看

这些散布的小小亮点；

我的无知还没有学会叫出它们的名字，

也不会排成星座；

只感到水的回旋

在幽秘的水池；

---

* 阿根廷著名诗人、小说家、散文家和翻译家豪尔赫 · 路易斯 · 博尔赫斯（1899—1986）的诗歌作品。

122

只感到茉莉和忍冬的香味，

沉睡的鸟儿的宁静，

门厅的弯拱，湿气

——这些事物，也许，就是诗。

诗歌 *

（智利）聂鲁达　胡续冬 译

就是在那个年月……诗歌跑来找我。

我不知道，

我不知道它来自何方，来自冬天还是来自

河流。

---

* 智利著名诗人巴勒罗·聂鲁达（1904—1973）的诗歌作品。

我不知道它是怎样、它是何时到来的，

不，它们不是声音，

它们不是词语，也不是寂静，

但是，从一条街道上传来对我的召唤，

从夜晚的枝条上，

极其突然地从他人身上，

在猛烈的火焰或返程的孤独之中，

它触到了我，而我

没有面孔。

我不知道该说些什么，

我的嘴无法命名事物

我的眼睛顿失光明，

而某种东西，热病或是丢失的翅膀，

在我的灵魂里起身，

我找到了自己的方式

去破译那火焰

并写下了第一行懒散的诗，

懒散得没有筋骨，只是胡言乱语，

只是一个什么都不知道的人

的智慧，

突然间，我看见脱了壳的、敞开的

天堂，行星，颤动的森林，

镂空的阴影，箭矢组成的谜语，

火焰和花，

席卷一切的夜晚，万物。

而我，无限小的存在，

在布满星辰的巨大空虚中、

在相似物和神秘的影像之中沉醉，

我感觉自己纯粹是深渊的一部分。

我随星辰的滚动而前行，

我的心从风中松绑而去。

这是两首在我看来风格差别很大的作品。博尔赫斯沉静蕴藉，聂鲁达激烈奔放。两首我都喜欢，并且一种热烈的情感在我心里慢慢晃动。

我抬起头，看见彭子涵正冲着窗户发呆。我鼓起勇气和李昊然换了位置，和她打了声招呼。

"你喜欢哪一首？"我低声问她。

"第一首。你呢？"

"两首都喜欢，但更喜欢第二首。"

"我也喜欢第二首。比如这一句：而某种东西，热病或是丢失的翅膀，在我的灵魂里起身。还有最后一句：我的心从风中松绑而去。我觉得这首诗写出了更完整的体验过程。但是，我太喜欢《南方》中博尔赫斯的谦卑了。我的无知还没有学会叫出它们的名字，只感到那些香味、宁静和湿气，也许，就是诗。而且这些意象多美啊：水的回旋在幽秘的水池，沉睡的鸟儿的宁静。"

"你这样说过以后，我似乎也更喜欢第一首了。不过第二首里面的声音和节奏实在是迷人。是不是我太肤浅了？"

"怎么会肤浅呢？不过我读的诗歌也不多，总感觉现在很多诗歌读起来大多数都不够流畅。我也不知道诗歌应不应该流畅。或者该如何判断节奏的问题。"

"是的，还是得多读点诗呀。"

在嗡嗡低语的谈论声开始张扬起来时，我回到了自己座位上，尝试回答诗歌是什么。

最后，所有的便笺纸张贴在了那张白纸上。我把自己的回答挂在了最下面。那是一个无法让我满意的回答：

诗歌是什么？

事物的碎片，倒映在天空的镜中。

我最喜欢的两个回答分别是：

诗歌是什么？

目光的触碰，在时间中留下的水光

诗歌是什么？

一句呼喊、一次停顿、一声叹息、几段歌声，

然后，沉默。

第一个答案当然来自彭子涵，第二个是谁呢？

临走时，有人问书店里诗歌摆放在哪里。马老师从一个书架上拿出几本，一一推荐给大家。

我拿了一本《给孩子的诗》，编者北岛。转身的时候，突然有一张便笺从那张白纸掉落在地上。我捡起来，看了一眼。绿色的纸张，上面是潦草的笔体：

诗歌是什么？

多嘴的父亲和沉默的孩子。

图书在版编目（CIP）数据

X 书店：12 节虚构的语文课 . 从诗歌开始 / 冯军鹤
著；葛根汤绘 . -- 北京：北京科学技术出版社，
2024.4（2024.8 重印）

ISBN 978-7-5714-3582-0

Ⅰ. X… Ⅱ. ①冯… ②葛… Ⅲ. ①作文课 – 中小学
– 教学参考资料 Ⅳ . ① G634.343

中国国家版本馆 CIP 数据核字（2024）第 010799 号

策划编辑：郑先子
责任编辑：郑宇芳
责任校对：贾　荣
封面设计：张挠挠　田丽丹
营销编辑：赵倩倩
图文制作：田丽丹
责任印制：吕　越
出　版　人：曾庆宇
出版发行：北京科学技术出版社
社　　址：北京西直门南大街 16 号
邮政编码：100035
电　　话：0086-10-66135495（总编室）
　　　　　0086-10-66113227（发行部）
网　　址：www.bkydw.cn
印　　刷：北京盛通印刷股份有限公司
开　　本：787 mm × 1092 mm　1/32
字　　数：40 千字
印　　张：4.25
版　　次：2024 年 4 月第 1 版
印　　次：2024 年 8 月第 2 次印刷
ISBN 978-7-5714-3582-0

定　　价：32.00 元